幼稚園・保育園のクラス担任シリーズ ⑧

クラス担任の たっぷり外あそび BEST 31

グループこんぺいと編著

黎明書房

はじめに

幼稚園・保育園のクラス担任シリーズ⑧
『クラス担任のたっぷり外あそび BEST31』
をお届けします。

子どもがのびのびとあそぶ自然環境が失われつつある中で、子どもの体力低下が報告されています。しかし、外で思いっきりあそびたいという子どもの生来の欲求まで失われたわけではありません。

手や足を充分に動かし、また目や耳や鼻や口や肌の感覚を総動員して、自然の姿の中にたくさんの不思議なこと、驚くこと、思わず小躍りするようなことを見つけて、たっぷりあそぶ経験が幼児期の子どもには大切です。風や太陽は、子どもが本来もっている体をいっぱい動かしたいという欲求をくすぐってくれることでしょう。

さあ、扉を開けて外に出てみましょう。子ども時代に夢中になって外であそんだ心を思い出してください。そして、次の世代を担う子どもたちのクラス担任として、子どもたちといっしょに思いっきり外あそびを楽しんでいただければ幸いです。

もくじ

序章

外っていいな

外は大地が広がり、風も吹いています。
ねっころがって大地を感じ、
起きあがって風を感じてみましょう。
部屋の中にこもっていないで
ほら、外に出てたっぷりあそびましょう。

大地にごろりとねっころがろう

外は大地が広がる世界。大地にねころぶことは、外の世界とふれあうことの原点です。見る・聞く・さわる・かぐという感覚がとぎすまされ、体をいっぱい動かして、たっぷりあそびたいという欲求が目覚めてきます。

手も足も いっぱい伸ばそう

手足をいっぱい伸ばして、大きく深呼吸をしましょう。体は、思いっきりあそぶ準備を始めています。

さあ、風を受けて走り出そう

風がほっぺに当たったら、もっと風を受けたくて、走り出したくなります。さあ、大きく腕を振って走りましょう。

column

池田裕恵さん（東洋英和女学院大学教授）が子どものころ、夢中になったあそびは？

先祖はサル?!と言われたっけ。

私の家の庭には、大きな松の木が２本ありました。うち１本は、枝振りがクネクネしたもの。太い幹のてっぺんは切られていて、上にブリキの板がかぶせられていました。そこに座って家に来る客をいち早く見つけるというのが得意技でした。もう１本は、地面からすぐに３本の幹に分かれているような枝振りで、２本の幹に片足ずつ突っ張るようにして登ります。まわりの大人に「先祖はサルに違いない」と言われるくらい、木登り上手だったのです。

池田裕恵さんには、1章「マニュアル不要。すぐできる外あそび」を監修していただきました。

1章
マニュアル不要。すぐできる外あそび

思いっきり体を動かしたくなる外。
外あそびにマニュアルは要りません。
風があり、雨も降り、陽がさす外には、
あそびたくなる要素がいっぱいです。

1 くずすのも楽しい砂山あそび

棒たおし

「先生は、今日はお山を作りたいんだ」と言って、砂場の砂で山を作ります。高い山は、あまりさらさらの砂ではできません。「お山が高くならないね。どうする？」などと声をかけて、湿った土との性質の違いを確かめながらあそびます。てっぺんに棒切れを立てて、「お山の砂をごっそりとって、棒をたおせるかな？」と言い、くずれたらまた作るをくり返します。

がんばる棒

今度は、棒をたおさないように少しずつ砂をとっていきます。何人かで順番にとってもよいでしょう。

●土・砂・泥

子どもの壊してみたいという欲求を満たすあそび。砂山だったら、思いっきり壊したって大丈夫。ぐしゃぐしゃ壊して、また作る、こういったくり返しの中で、あそびの欲求は満たされていきます。

ジャンプで山くずし

砂山を作り、山をめがけて跳んで、作った山をくずします。一人跳び終わったら、みんなでまた最初から山を作ります。「どのくらい遠くまで跳べる？」と聞き合ったりして、それぞれの子どもの跳べそうな距離に合わせてあげます。

ひと山越えて

今度は山をいくつか作って、くずさないように順番に跳び越えていきます。

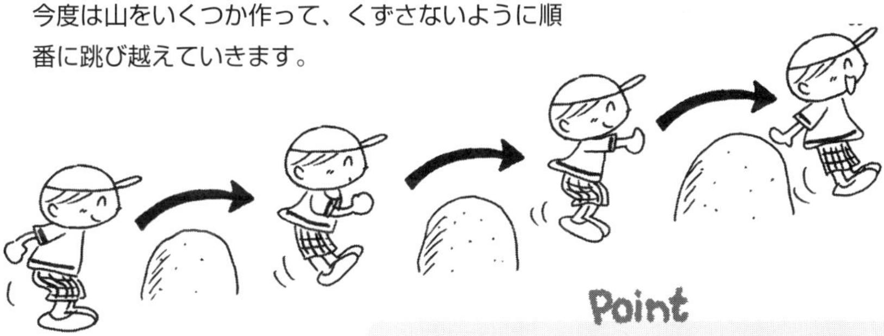

Point

一人ひとりが自分はどれくらい跳べるかな？と考え、達成感を味わいながらチャレンジすることができます。

2 斜面で味わう、すべるスリル

ひとりでにゴロゴロ

斜面は、力を入れなくても自然にゴロゴロ転がることができます。例えば「♪いもむし、ゴロゴロゴロロ」と言いながら、俵が転がるように横になって転がってみましょう。転がる楽しさを味わっていると、まわりが見えなくなることがあるので、危険がないように配慮しましょう。

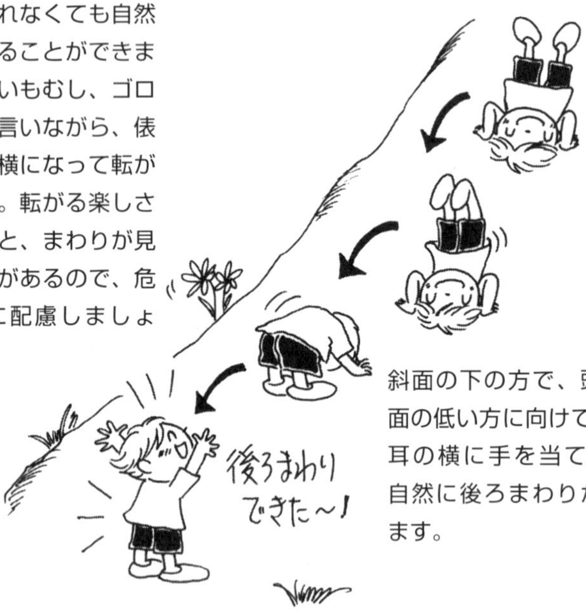

斜面の下の方で、頭を斜面の低い方に向けて寝て、耳の横に手を当てると、自然に後ろまわりができます。

段ボールすべり

段ボールの上に座り、足を外へ出します。この足でブレーキをかけてスピードを調節しながら斜面をすべりおります。怖がる子には、ゆるい斜面のところをすべらせるか、途中からすべらせるなどの工夫をするとよいでしょう。

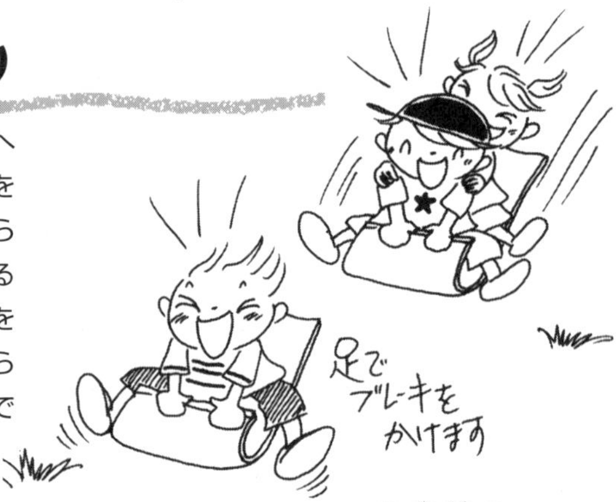

●斜面・すべり台

ただそこにあるだけで、子どもの動きを誘発するのが斜面です。草原のちょっとした斜面、砂場にみんなで作った斜面など、ぜひ試してみてください。重力にしたがってすべりおりる感覚は、なんとも心地よいものです。

ヨーイドンで、かけ登り

すべりおりるためには、上まで登らなければなりません。1列に並んで「ヨーイ、ドン」で、いっせいに登るのも楽しいです。土の上や草原では、転んでも痛くないので、いっきにかけおりることもできます。

1列でハイハイ登り

年齢が小さいときは、はい登るのがよいでしょう。おりるときは「ひとりでにゴロゴロ」のように横になって転がってもよいです。勢いがつきすぎないように気をつけましょう。

Point

重力にしたがったり逆らったりする中で味わうスリルが楽しいあそび。全身の身のこなしを体得することができます。

見つけられたくないような、
見つけてほしいような…

3 かくれんぼ

木をはさんで

自分の体が見えないように木の陰にかくれます。相手が見つけようとしたら、見えないように木のまわりをクルクル動きます。「見つけた」と言ってつかまえられたら交代です。フェイントをかける技を覚えられれば、あそびはもっと盛り上がります。

「もういいかい」「まあだだよ」のかくれんぼ

この言葉のくり返しだけでも楽しいのが2歳児。あそびの中で、語呂よく覚える言葉です。見つけたらオーバーに喜んだり、ときには見えていても見えないふりをしたりして盛り上げましょう。

●かくれんぼ

幼児期は、自分の体全体を把握できなくて、自分ではかくれたつもりでも、頭かくして尻かくさず、ということも。かくれんぼは、自分を客観視できるようになるための第一歩です。

傘を開いて

園庭で、一人１本傘を広げて、その中にかくれます。オニが探しにきても、傘ごと動いて身をかくしつづけます。見つけられたら、オニを交代します。

できたら、少し大きめの傘を使う方がよいでしょう。「振り回しておもちゃにしない」という注意が必要です。

かくれながら
移動

こんなかくれ方も…

こっちだよ～
ジャングルジム
キョロキョロ
車の後ろはダメ

Point

かくれる場所に合わせて自分の体を細くしたり、低くかがんだりします。このようなあそびを通して、自分の体の形や大きさを把握するようになります。

4 飛べ飛べ紙ひこうき

どこまで飛ぶかな

「紙ひこうきの折り方」❶～❸を覚えたら、折り方に工夫を加えてみましょう。また、同じ折り方の紙ひこうきでも飛び方が違うことに気づくと、飛ばし方を工夫するようになります。滞空時間の長いものや、飛距離の長いものがあります。保育参観のときに、親子いっしょに工夫するのもよいでしょう。

折り方❶

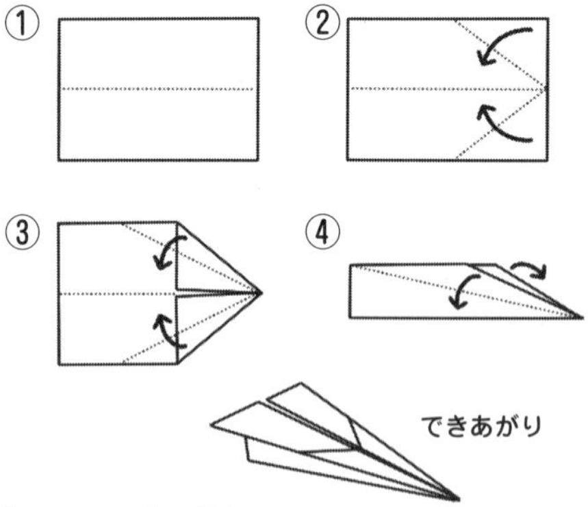

折り方❷

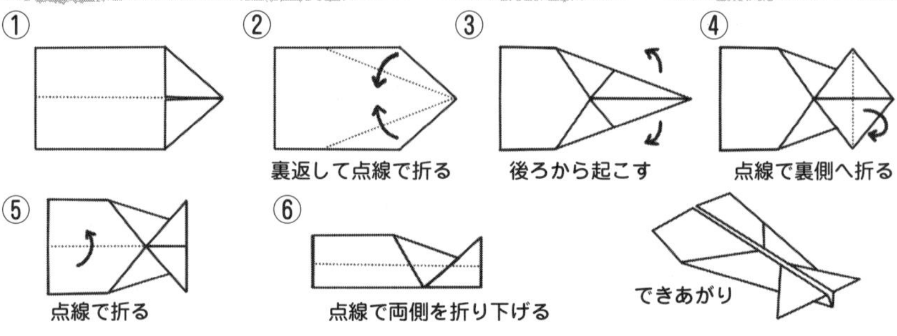

●紙ひこうき

紙ひこうきをたくさん飛ばして、自由に空を飛ぶ紙ひこうきのように、のびのびあそびましょう。子どもが本来もっている動きたいという欲求をさそい出すことができます。

折り方❸

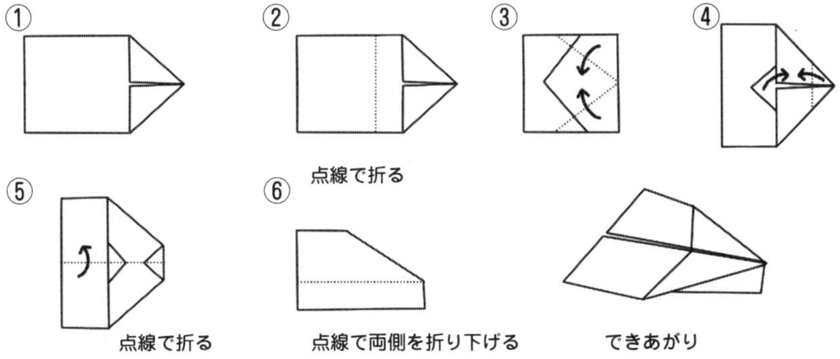

紙ひこうきになって走ろう

紙ひこうきは、風に乗って自由に空を飛びます。紙ひこうきを飛ばした後は、紙ひこうきみたいにのびのびと走ってみましょう。表現あそびに移行する導入にもなります。

Point

走ることは、あらゆるスポーツの基本です。また、走る楽しさを味わうことは、体を動かす楽しさを知る第一歩になります。子どもがもつ走ることへの欲求を表現あそびに広げましょう。

5 回して跳んで、大なわ小なわ

へびにょろにょろ

「にょろにょろ～」と言って、なわを動かします。なわを動かすことに慣れたら、二人組になって、一人がにょろにょろなわを動かし、もう一人がそれに引っかからないように跳び越してあそびましょう。

しっぽとり

短めのなわをズボンやスカートのウエストなどにはさんで走り、ほかの子のしっぽをとります。しっぽをとられたら、もう走れません。その場にしゃがみます。何本しっぽがとれるか競争します。

●なわ

なわが１本あれば、子どもは次々に自分で課題を見つけて、あそびを広げることができます。最初は不器用ななわ回しも、意欲的に取り組んでいれば必ず上達するので、励ましの言葉を。

かけ足なわとび

最初は、なわを回しながら歩くことから始めます。足の動きと、なわを回す手の動きのテンポとタイミングが少しよくなってくると、おもしろくなります。２チームに分かれて競争したり、コースにカーブをつけたりすれば、あそびを複雑化することもできます。

長なわで８の字くぐり

最初は保育者が長なわを持って、子どもの走るタイミングに合うように回してあげます。長なわのタイミングに慣れたら、順番に跳んであそぶこともできます。

Point

なわを回してあそぶには、手と足の協応がポイントです。なわを回す動作には少しコツが必要ですが、できるようになるまでがんばったり、達成するとうれしくてくり返すことには、あそびの本質があります。

6 転がるはずむ、ボールは楽し

待て待てボール

足でけって、追いついたらまたける、というくり返しです。何人かでゴールを決めてボールを運べば、サッカーのようになります。ボールを体で止めて、友だちに向かって転がしてもあそべます。直径10センチくらいのゴムボールであそぶとよいです。

●ボール

ゴムボールのやわらかな弾力と、転がったりはずんだりする特性を生かして、一人でも多人数でもあそべます。投げたり、ついたり、けったり、運んだりと、あそびの種類も豊富です。

はずんではずんで

足を肩幅くらいに開いて、足と足の間の地面にボールを落とすと、ボールがはずんで手元に戻ってきます。段々、両手でついたり片手でついたりできるようになります。ラグビーボールのような変わった形のボールをはずませてもおもしろいです。

ポンポン玉入れ

かごに向かって、小さいボールを投げ入れます。慣れてきたら、保育者がかごを背負って走るのを追いかけてもよいでしょう。子どもが片手でつかめるくらいの大きさの、小さいボールを使いましょう。

Point

ボールあそびは、小学生くらいになると得意不得意が出てくるものですが、もって生まれた能力ではなく、幼児期にボールであそんだ経験が多いか少ないかによるものです。少しできると楽しくなってくり返すので、上達します。

7 光と影であそぼう

影ふみ

最初は影の存在を確かめることから始めましょう。小さくしゃがんだら影も小さくなり、大きく伸びをしたら影も大きくなります。頭に手を当てると、影もまねをしているみたいです。保育者が子どもたちに影をふまれないように小さくなったり逃げたりして、あそびのきっかけを作りましょう。

キラキラ光をうつしてあそぼう

アルミホイルを動かしながら、どれが自分の当てている光か確かめてみましょう。みんなで集まって大きな光を作ったり、ばらばらにしたりしてあそぶこともできます。

●影

外に出て、太陽が出ていれば特別の遊具がなくてもできるのが影を使ったあそびです。冬の影は長く、夏の影は短いことなども経験から知っていくことができます。

扇ができた

太陽を背にして、五人で手をつないで扇形になる組体操をします。自分たちの作った影の形をみんなで見ます。

影おくり

ポーズをとって自分の影をじーっと見ます。10数えてパッと空を見ると、空に自分がいます。残像現象ですが、ちょっと不思議なので盛り上がります。

Point

太陽を背にしたり太陽に向かったりすると、影がどうしてできるのかを体験的に知ることができます。1日のうちでも影の長さが変わることなどもわかります。

8 鉄棒でやこう「ブタのまるやき」

ぶーらぶーら、ゆーらゆーら

地面に足がつくような高さの鉄棒で、両手でしっかり鉄棒をつかむと、子どもは自然に足を地面から離します。「おサルさん、ぶーらぶーら」などと声をかけてあげるとよいでしょう。

「手をめがねの形にしてしっかり握りましょう」と鉄棒の握り方を指導します。

ブタのまるやき

手も足も鉄棒に引っかけると、かなり長く地面から離れていられるので、子どもに人気のあそびです。たくさんの子どもが順番を待っているときなどは、「おいしくやけたかな？」「まだまだ」「こんどはどうかな？」「もうやけた」などというやりとりを決めて、交代するとよいでしょう。

※保育者は必ず近くにいて、子どもが落ちないようにしましょう

●鉄棒

ぶら下がって、前後左右にゆらゆらゆれたり、鉄棒で体を支えたりします。鉄棒を使って、どれくらい地面から足を離していられるかな。

空中ブランコ

「ブタのまるやき」から足を鉄棒にかけて、手を離します。逆さになるので、あまり長くならないよう数を数えるなどの工夫を。

※保育者は必ず近くにいて、子どもが落ちないようにしましょう

人間鉄棒

保育者が子どもの両手を握って「ジャーンプ、ジャーンプ」と言いながら両足跳びをさせたり、保育者の体を登らせながらクルンと回したりすると、手でしっかり握る練習になります。

Point

鉄棒のあそびは、手でしっかり鉄棒を握ることが大切です。自分の体重を手で支えることで、自然に全身に筋力がつきます。手の握り方は、親指とほかの指を離す順手が望ましいのですが、握力がない小さい子は全部の指をそろえる持ち方になってしまいます。手がはずれそうなときは、上から手をおさえてあげるようにしましょう。

9 あそべる段差を探そう

グラグラ……ピョン

少しの段差がつづく道のへりなどを、平均台のように、落ちないように歩きます。最後は「ピョン」と言って飛びおりておしまい。

忍法壁伝い

建物などの壁にそってある狭い段差を利用し、落ちないように歩きます。壁に背中をぴったりつけて、忍者になったような気持ちで。

●段差・階段

階段のように何段もなくても、見回してみると意外と段差はあるものです。お散歩に出かけたときなど、目ざとく見つけるのは子どもの方です。車などの危険のないところであそびましょう。

階段あそび

散歩の途中に危険のない石段などがあれば、格好のあそび場です。３歳未満では登っておりるだけで充分あそべます。

３歳以上になると飛びおりることもできます。じゃんけんをして、グーで勝ったら「グミ」で2段、チョキで勝ったら「チョコレート」で6段、パーで勝ったら「パパイヤ」で4段、移動するなどのあそびもできます。

Point

石段でのあそびは、転んだときのけがが大きくなってしまいがちですから、しっかり目を行き届かせて、あまり無理なチャレンジはさせないようにしましょう。

10 ハズしなし、伝承あそび どんじゃんけんほか

どんじゃんけん

平地でも高いところでも、線を引いても引かなくても、バリエーションをつけやすいあそびです。

2チームに分かれてスタート地点につきます。スタートの合図で各チームから一人ずつが中央に向かって進み、出会ったところでじゃんけんをします。勝った子はそのまま進み、負けた子はスタート地点に戻ります。負けた子のチームからは次の子が出て、また二人が出会ったところでじゃんけんをします。これをくり返します。先に相手チームのスタート地点まで行ったチームの勝ちです。

●伝承あそび

外あそびの伝承あそびはいろいろありますが、父母世代や祖父母世代とでも、いっしょにあそべるのがよいところです。順番をまもる、ということが自然に学べるあそびでもあります。

だるまさんがころんだ

近づく、逃げるなどの動作を途中で止めることや、止めたときの体の形におもしろさがあります。保育者がいっしょにあそぶときは、オーバーアクションであそびをリードしましょう。

花いちもんめ

2チームに分かれ、歌いながら順番に前進後退をくり返します。相手チームの中の一人を指名し、指名された子同士がじゃんけんをします。負けた子は勝った子のチームに入ります。

指名されるのも悲しいけれど、指名されないのもちょっと淋しいものです。人間関係も擬似的に経験できるのが、あそびのいいところです。

Point

伝承あそびは、単純でおもしろいものが多く、知っていると誰とでもあそべるという利点があります。話し合って工夫を加えることもできます。

11 リズム感が大切、ケンパ

丸に合わせて

地面に丸を描いて、丸が一つのところはケン（片足跳び）、丸が二つ並んでいるところはパ（両足跳び）です。レベルに合わせて難易度を調節できます。

あんたがたどこさ

たて3ます・横3ますの四角を描き、真ん中が「さ」。歌のリズムに合わせてまわりのますを片足ケンケンでまわり、「さ」のときは両足で真ん中に入ります。

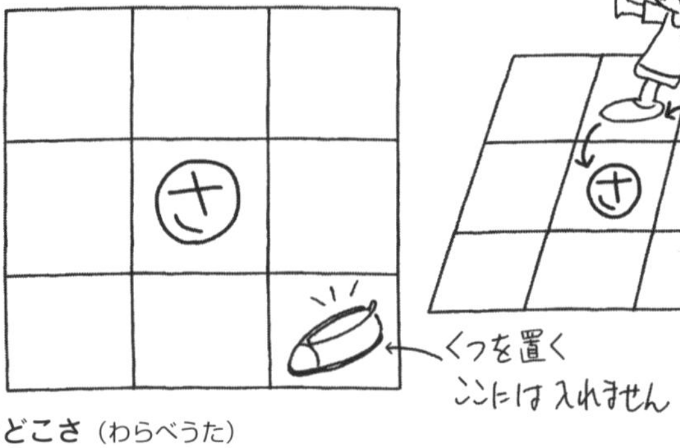

♪ **あんたがたどこさ**（わらべうた）

あんたがたどこさ　ひごさ　ひごどこさ　くまもとさ　くまもとどこさ　せんばさ
せんばやまには　たぬきが　おってさ　それを　りょうしが　てっぽうで　うってさ
にてさ　やいてさ　くってさ　それをこのはで　ちょいと　かぶせ

●ケンパ

片足跳びと両足跳びという２種類の組み合わせですが、あそびを広げやすく、昔から親しまれています。

石をプラスして

地面に線を引き、最初は石を手に持ってケンとパで行って帰ってきます。次は、ますの一つに石を入れて、そこは入ってはいけないところにしてやってみます。

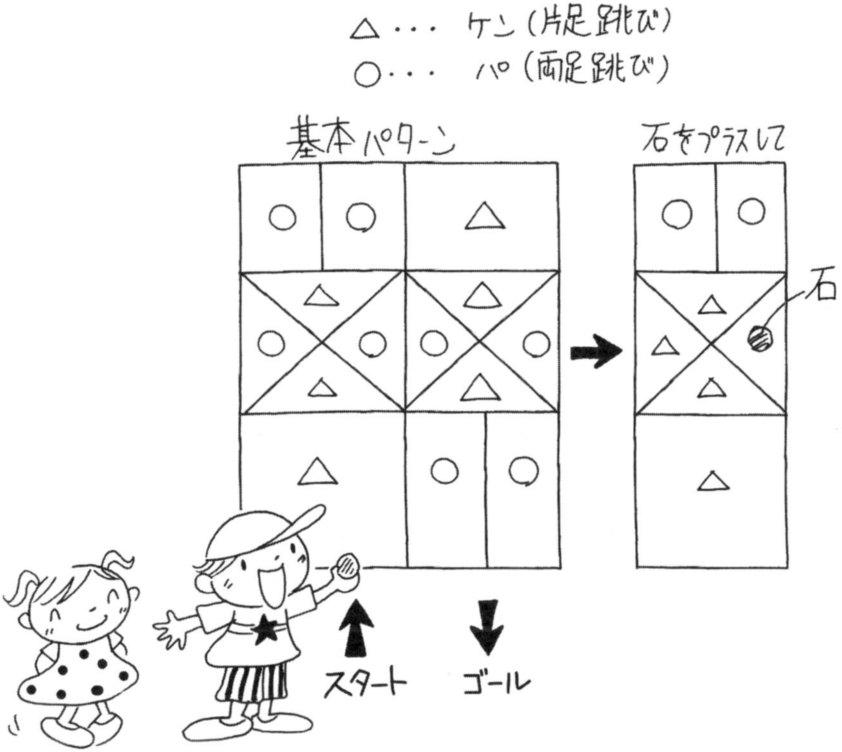

△・・・ ケン（片足跳び）
○・・・ パ（両足跳び）
基本パターン
石をプラスして
石
スタート
ゴール

Point

動きに制限があるときに、考えながら動くことができるようになります。片足で跳ぶことで、バランスをとる練習にもなります。

ゲーム12「狼とリス」

狼とリス

「狼」役を一人決めます。残りの子どもたちは「リス」役と「かご」役です。「かご」役の子どもは二人組になり、向かい合って両手をつなぎます。狼が追いかけると、リスはかごの中に入ります。でも、かごの中には10数える間しかいられません。10になったら、別のかごに入ります。狼につかまえられたリスは、狼と交代します。

●ゲーム

いすとりゲームのような感覚のあそび。いすがなくても、どこでもあそべます（何もなくて広い野外にはぴったり）。ルールが簡単で、盛り上がるゲームです。

リスとかご

「オニ」役を一人決め、残りの子どもたちは「リス」役と「かご」役です。かごの中にリスが入った状態からスタートします。オニが「リス」と言ったら、リスだけが動いて別のかごに入ります。このときオニはすかさずかごのどれかに入り、かごに入れなかったリスが次のオニです（以下、同じように、かごに入れなかった人が次のオニ）。オニが「かご」と言ったら、かごだけが動いて別のリスを入れます。オニが「リスとかご」と言ったら、全員が動きます。

Point

状況を判断して、すばやく走ることができるようになります。

13 やっぱり楽しい水あそび

水を運ぼう

ただ水を運ぶだけのあそびですが、子どもたちは飽きずにつづけます。大きなたらいなどに水をくんでおき、そこから数メートル離れたバケツまで水を運びます。「ヨーイ、ドン」で、保育者と子どもで、またはチームごとに競争しましょう。急いで運びたいけれど、できるだけこぼさないようにしなければ、バケツに水はたまりません。チャックつきのしっかりしたビニール袋でも、バケツの代わりになります。道具を使わず、手で水をすくっても楽しいです。

地面にお絵描き

しっかりしたビニール袋に穴を開け、その中に水を入れて地面に絵を描きます。最初は、保育者が足で線を引いて、その上を子どもが水でなぞります。グニャグニャ曲がった線を描いたり、「て」「へ」「ひ」などのひとふでで書けるひらがなを書いたりしてあそびます。

こんなものも使えます

やかんやホースでもあそべます。ビニール袋や牛乳パックにたくさん穴を開けて、じょうろのようにしてもあそべます。

●水

水に手をふれたときの、ひんやりとしたつかみどころのない感触。水の性質は、子どもの興味を引くことばかりです。また、水にふれていると、気持ちがいやされて落ち着くこともあります。

ジュース工場

紙コップの底に穴を開けて、ひもでつないでおきます。たてにつないで、上から水を流し込むと、水はどんどん下のコップへと流れます。途中のコップに絵の具を少し入れておくと、最後のコップには色水がたまって、ジュースのできあがりです。

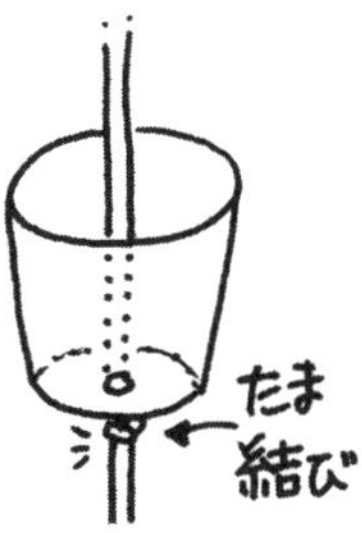

ぞうきんしぼり

タオルは、ふつうのフェイスタオルを半分に切って、端を縫ったものが扱いやすいです。使ったタオルは、しぼって乾かしておく習慣にして、「ぞうきんしぼり」もできるようにしましょう。

Point

水の感触を楽しみながら、水は上から下へ流れていくこと、形が作れないことなどの性質をあそびに取り入れましょう。

1章 マニュアル不要。すぐできる外あそび

14 プールであそぼう

宝探し

浅いプールでもできます。プールの底に入れておいたおはじきや小石をひろってくるあそびです。顔をどうしても水につけられない子は、足を器用に使ってとったりします。「足でとってはいけません」などと言うよりは、「足でもとれるんだ」と感心して、「みんなも足でとってみようね。いくつとれるかな」と、あそびを展開しましょう。

水中を泳ぐ、こいのぼり

大きなプールがあれば、プールのふちにつかまってバタ足練習をするのではなく、こんな方法はいかがでしょう。二人の保育者が棒の両端を持ち、子どもたちはその棒につかまってバシャバシャ足を動かします。保育者が棒を持ったまま移動すると、子どもたちは水に浮く感覚をつかむことができます。

●プール

園庭に大きなビニールプールを広げる場合も、プールの設備がある場合も、ダイナミックに水あそびをしましょう。

YES・NOクイズ

プールの真ん中にひもを渡して固定しておきます（ブイのようなものを浮かせておいてもよい）。左右それぞれのエリアをYESとNOに決めます。保育者の「今日、朝ごはんを食べてきた人？」などの質問に対する答えによって、子どもたちはYESとNOのエリアに入ります。移動するときは、必ずひもの下をくぐるのがルールです。

輪くぐり

水に少し慣れてきたら、水の中に輪（フラフープくらいの大きさのもの）を入れて、その輪をくぐってみましょう。

Point

「顔に水がかかってもふかない」という約束をしておくと、水に段々慣れていきます。ただし、無理強いはしないこと。

column

中山康夫さん（野あそびのプロ集団「ろぜっとわーくす」代表）が子どものころ、夢中になったあそびは？

あのころは、狩猟民族だったなあ。

小学生時代は、家に帰るとすぐに外あそびの毎日。川ではハヤやカメ釣り、池ではカエルをえさに雷魚（らいぎょ）釣り、夏はカブトムシ、クワガタムシ、セミ捕り。大きな雷魚をつかまえたときは、まさに快挙。うれしくてたまりませんでした。しかし、雷魚のえさのカエルをつかまえることに追われて大変な思いをしたことも。子どもたちが生き物をいくらつかまえてもビクともしない豊かな自然が、そこにはありました。

中山康夫さんには、2章「身のまわりの自然環境であそぼう」、3章「ちょっと遠くへ 海あそび・山あそび」および付録を監修していただきました。

2章

身のまわりの自然環境であそぼう

一歩外に踏み出せば、
花が咲き、鳥が鳴き、虫がうごめいています。
たくさんの命が生きていることに目を向け、
五感をとぎすませてみましょう。
おもしろい発見がいっぱいです。

15 クラスの木を決めよう

どんな感じ？

園庭にある木を、目かくしをしてさわります。子どもたちにさわった感想を聞き、保育者は「ざらざら」「つるつる」など、子どもの言葉をそのまま書きとめておきます。

どの木だった？

今度は目かくしをとって、さっき自分がさわった木を探します。さわった感触やにおいだけをたよりに見つけます。

●見る・さわる

1年の初めに、園庭にある木の中で自分のクラスの木を決めます。クラスの一員としてなかよしになって、1年間木の様子を観察しましょう。園庭に木がなければ、散歩に出かける途中に出会う木でもよいでしょう。

ニックネームをつけよう

クラスの木を決めて、木にニックネームをつけましょう。段ボールに目、鼻、口やニックネームを描いて木にガムテープで貼ると、ますます木が身近に感じられます。

わたしのクラスの
すべすべくん
だー
すべすべ
くん
すべすべくん
よろしくね

ガムテープをまるめて両面テープのようにして、段ボールの裏に貼る

16 タンポポ、見つけた

タンポポって、どんなにおい？

タンポポを摘んだら、まずにおいをかいでみましょう。「どんなにおいがする？」という質問に正しい答えはありません。どんな答えも「そうね」と認めてあげていると、言葉は豊かに出てきます。
花・葉っぱ・茎などそれぞれの部分のにおいをかいでみましょう。綿毛になっているものがあれば、そのにおいもくらべてみましょう（綿毛を鼻から吸い込んでしまわないよう注意する）。「さあ、においは違うかな？　それとも同じ？」くらべっこすることによって、また新たな発見があるかもしれません。

長〜い根っこを見てみよう

シャベルを使って、なるべく根っこを切らないように摘んでみましょう。長い根っこがついたまま摘めたら、みんなで観察しましょう。

●かぐ・見る

タンポポは、身近な場所で一番よく見かける春の花と言えますね。「あ、こんなところにかわいい花が咲いているね」と、身近な草花に気づくところからスタートして、自然となかよしになりましょう。

いろいろなタンポポがあるね

摘んできたタンポポを、よく見てみましょう。一人ひとりにどこから摘んできたかを話してもらい、みんなでそれぞれのタンポポにどこか違うところがないか、探してみましょう。
タンポポには大きく分けると、日本に昔からあるもの（カントウタンポポ、カンサイタンポポなど）と外国から来て日本で増えたもの（セイヨウタンポポ、アカミタンポポなど）があり、花の形が違います（セイヨウタンポポはがくがそり返っている）。葉っぱの形も、地域や環境の違いで変わってきます。くらべてみると、みんなの顔が違うように、タンポポの葉っぱも少しずつ違うことがわかります。

おやすみタンポポ

咲いているタンポポの花に、バケツなどをかぶせてみましょう。しばらくしてのぞくと、花が閉じています。タンポポは暗くなると、花を閉じてしまうのです。

17 草花であそぼう

自分の草花を育てよう

【用意するもの】

□シャベル　□植木鉢（ペットボトルを切ったものに水抜き穴を開けたものなど）

雑草の中で一番好きなものを選んで、根を切らないようにシャベルで掘り、自分の植木鉢に植えます。水をあげて、育てましょう。植物栽培の第一歩です。

オオバコの茎占い

オオバコの茎を切って、そっとひっぱるとすじが出てきます。このすじが何本かで占います。１本だったら「一ついいことがある」2本だったら「二ついいことがある」3本だったら「三ついいことがある」。さあ、いくついいことがあるか、占ってみましょう。

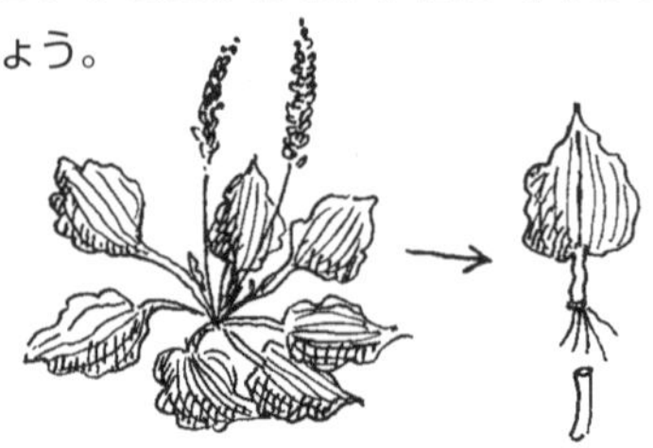

オオバコ草相撲

花のついた茎を引っかけてひっぱりっこをします。近くの相手と勝負をして、勝った子はまた別の相手を見つけて勝ち抜いていきます。

●育てる・さわる・作る

雑草はどこにでもはえているので、子どもにとって一番身近な草花です。昔からある伝承あそびも含めて、作ったり育てたり、なかよしになってあそびましょう。

シロツメクサのくびかざり

2、3本のシロツメクサを芯にして、別の1本をまきつけてからめ、まきつけたシロツメクサもまとめて芯にしていきます。最後はからめて留めます。

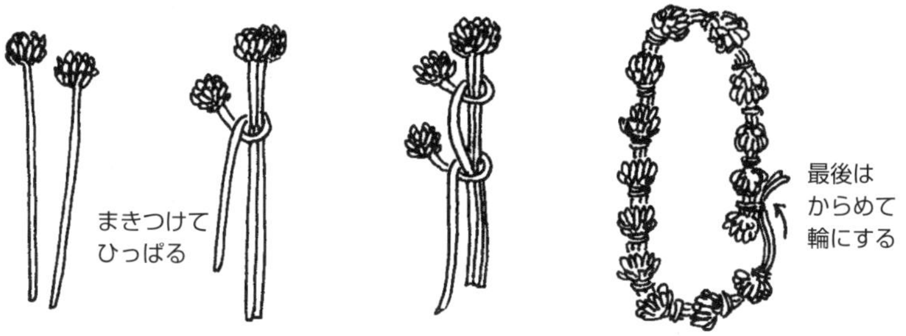

タンポポの茎笛

タンポポの茎を5～6センチに切り、片方の切り口を軽くつぶして吹いてみましょう。音が出るようになったら、茎笛の演奏会を開きましょう。

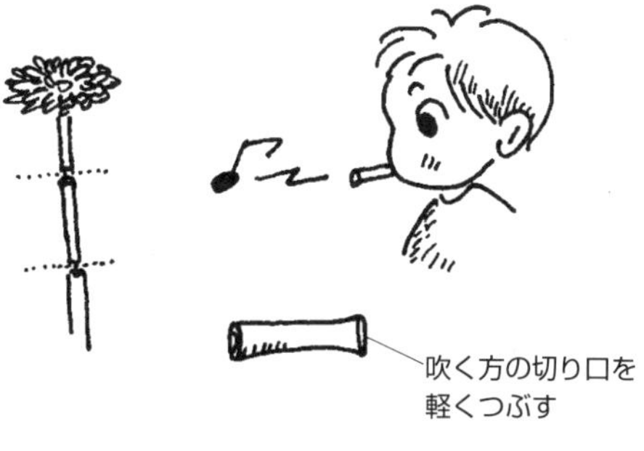

タンポポのひな壇飾り

タンポポ（シロツメクサでもよい）の花を顔にして、二つ折りにした葉を着物のように着せて、ようじで留めた人形をたくさん作り、砂場で作ったひな壇に飾れば、壇飾りのおひなさまのできあがり。

2章

身のまわりの自然環境であそぼう

18 味わってみよう、春の野草

てんぷらで春を味わう

てんぷらに向く野草は、タンポポ（花と葉）、ヨモギ（葉）、ドクダミ（葉）、クズ（若い葉）、フキノトウ（つぼみ）、ツクシ（はかまをとったもの）、ノビル（すべて）などです。除草剤をかけているところや、イヌやネコの糞尿が多い道端、車の多い道端などの野草は避けましょう。野草には毒草もあるので、あやしいものは食べないようにします。

【用意するもの】

□てんぷら鍋
□油
□小麦粉
□塩
□大皿
□キッチンペーパー

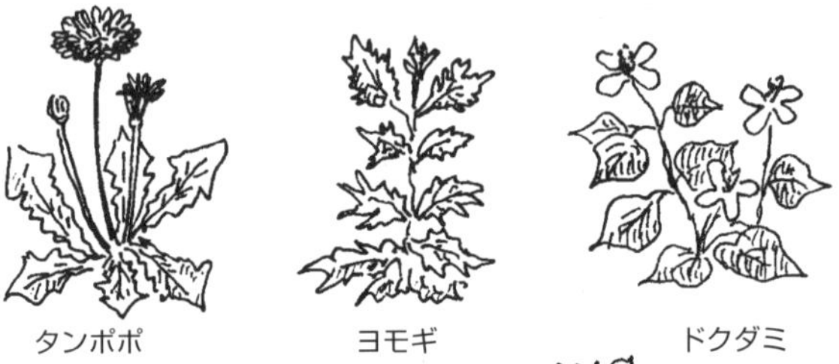
タンポポ
ヨモギ
ドクダミ

クズ
フキノトウ

【作り方】

①野草を水でよく洗い、虫や汚れを落とします。水気をしっかりとります。

②小麦粉を少しやわらかめに溶いて、塩少々を加えます。

③160～170度の低めの温度でカラッと揚げて、大皿にキッチンペーパーをのせた上に広げ、油を切ります。

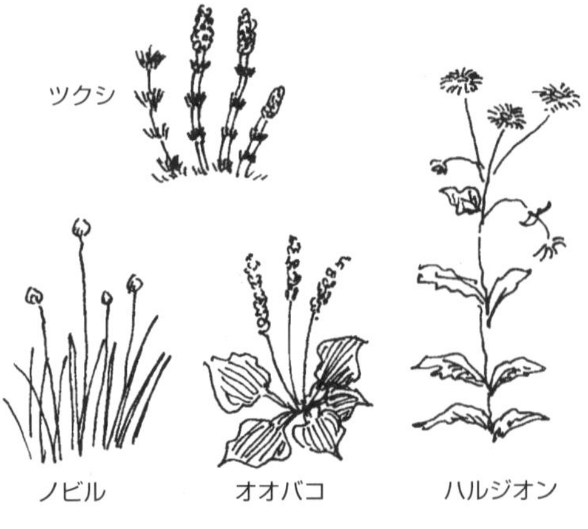
ツクシ
ノビル
オオバコ
ハルジオン

●味わう・表現する

春は、植物の命がぐんぐん芽吹くときです。香りが豊かで少し苦味があるのが春の野草の味わい。子どものころに苦味を経験しておくと、大人になって味覚が広がります。食べられる野草が手に入ったら、子どもにも比較的食べやすいてんぷらで、春を味わいましょう。

どんな味？

「タンポポの葉っぱはどんな味だった？」食べたら、感想を聞いてみましょう。てんぷら以外では、ゆでて和え物や漬物、おひたしなどにしても食べられます。

19 ダンゴムシ、見つけた

ダンゴムシ○○くんの誕生

ダンゴムシを見つけた子どもがいたら、「どこで見つけたの？　みんなで探してみようか」と声をかけましょう。ダンゴムシは、植木鉢や石の下、草のかげにひそんでいます。見つけたら、よく見て名前をつけましょう。

【ダンゴムシのいそうなところは…】

石の下

縁の下

プランターの下

植え込みの中

●見る・さわる

ダンゴムシは、昆虫の仲間ではなく、エビやカニなどの仲間。でも、身近にすぐ見つかるので、子どもたちが大好きなムシの一つです。ムシは、子どもの手のひらにおさまる小さいサイズでありながら、命の存在という大きなテーマを教えてくれる、とてもよい教材です。

ダンゴムシレース

【用意するもの】

□透明なプラスチックコップ

□バンダナ
（あるいは正方形の布）

【あそび方】

バンダナを地面に広げ、真ん中にコップを伏せて置きます。その中にレースに出るダンゴムシを入れます。コップをそっと持ち上げたらスタートです。一番早くバンダナの外に出たダンゴムシが優勝です。

20 アリの冒険

アリをよーく見よう

アリを見つけたら、どこへ行くのか、何を運んでいるのか、よく見てみましょう。虫めがねで見てもよいでしょう。アリの行列についていくと、アリの巣にたどりつくかもしれませんね。虫めがねを使うときは、「決して太陽を見ない」という約束をしましょう。

もしも、アリの巣に雨が降ったら

アリの巣を見つけて、巣穴に水を流し込む子どもがいたら、すぐに止めるのではなく「もし雨が降ったら、どうなるのかな？」と言葉をかけてみます。そして、水を流し込んだ後、アリがいっしょうけんめい巣の修復を始めるのをしっかり観察して、声援を送りましょう。「アリさんは、えらいね。応援してあげようね」との言葉かけも忘れずに。

●見る・さわる

身近なところで見つけられる昆虫の代表格、アリ。ジーッと観察したら、今度はアリの目線で、虫めがねを通して園庭を観察しましょう。

もしもアリになったら

【用意するもの】
虫めがねに細い針金をペンチでまきつけ、その先に8ミリ四方の画用紙に描いたアリの絵をセロハンテープで貼りつけたもの

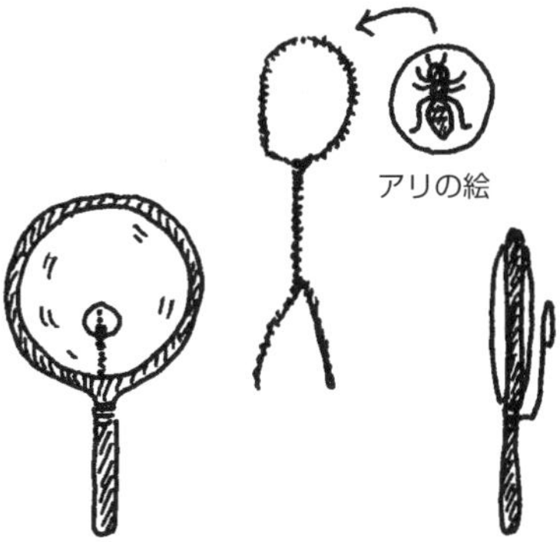
アリの絵

【あそび方】
虫めがねについているアリになったつもりで、園庭を観察します。いつも見慣れているものが、ずいぶん違って見えることを実感しましょう。「決して太陽を見ない」という約束を忘れずに。

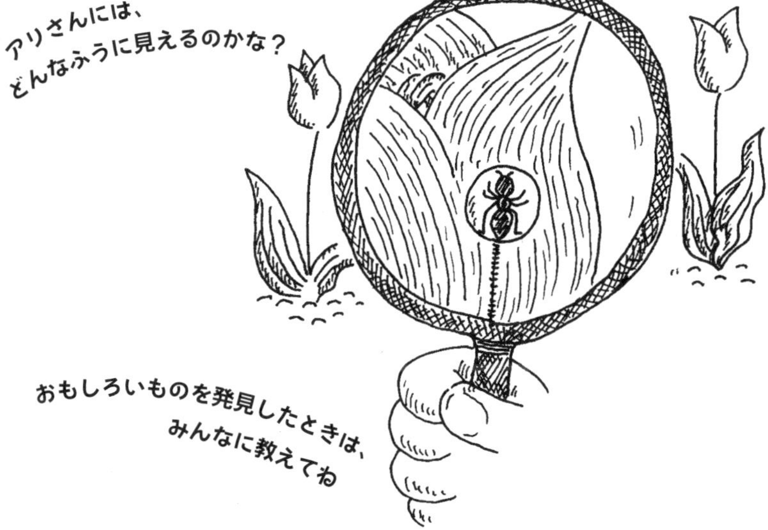
アリさんには、
どんなふうに見えるのかな？
おもしろいものを発見したときは、
みんなに教えてね

21 雨の日だって外あそび

「自分だけの傘」作り

【用意するもの】

□ビニール傘　□油性のカラーペン

雨が降ったら、自分だけのオリジナル傘を作りましょう。ビニール傘に好きな絵を描いた「自分だけの傘」をさして、外あそびです。雨が降ると顔を出すカエルやカタツムリも見つけられるかもしれません。園庭で見つけた生き物がどこにいたかを、園庭の絵の中に描き込んで、「○○園の雨の日生き物マップ」を作りましょう。後日、晴れた日には、その生き物たちがどこへ行ったか探して、晴れの日の居場所を見つけたら「晴れの日マップ」に描き入れましょう。

傘に降る雨

傘をさして外に出たら、まず雨が降っている外のにおいをかぎましょう。それから、「どんな音がする？」と傘に当たる雨の音を聞きます。「ポツ・ポツ」「バチ・バチ」、聞こえたとおりでかまいません。正しい答えを求めるのではなく、感じたままの発言を「そうだね」と認めてあげることによって、言葉の感性も磨かれます。また、水たまりの波紋を観察し、水たまりに傘をさしかけるとどうなるかなど、試してみてもよいでしょう。

●見る・聞く・かぐ

雨の日も、雨具を用意すれば、外あそびをあきらめなくても大丈夫。むしろ、雨の日だからこそ楽しめるあそびがあります。

雨粒って、どんな形？

雨の形って、どんなでしょう。降り方によって、大きな粒だったり小さな粒だったりします。雨粒の形を見てみましょう。

【用意するもの】

□小麦粉　□ふるい（みそこしなどでもよい）　□深めの容器2個　□黒い紙

【あそび方】

①小麦粉をふるいにかけて、容器に入れます。

②雨の中で、雨粒を容器に入れます。

③もう一度ふるいにかけると、ふるいの中に雨粒の形が残っています。

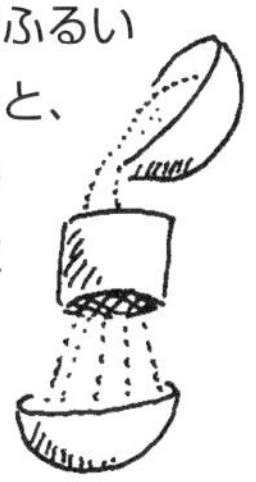

④ふるいの中に残ったものを黒い紙の上にのせると、形がよくわかります。

雨のパーカッション

鍋、空き缶、ブリキのバケツ、プラスティックのバケツなど、いろいろな容器を雨の中に置いて、音の違いを確かめましょう。いろいろな音色のパーカッションを雨が演奏しているみたいです。足でリズムをとったり、「パ・パ・パ」とか「ラーラ・ラーラ」などと歌えば、雨といっしょに演奏会ができます。

22 夜はドキドキ

昼間の木と夜の木

昼間、クラスの木をよく見ると、まず色が目に入ります。木は緑色、秋で紅葉していたら、赤や黄色や茶色ということもあるかもしれません。太陽が沈むと、木は色を失いシルエットになります。そのシルエットが何に見えるか、みんなで話し合いましょう。

【昼間の木】

【夜の木】

それから、クラスの木の形をみんなでまねしてみましょう。

●見る・聞く

お泊まり保育のときなどに、太陽が沈んでいくことで夕方が来て、夜が来て、同じ場所でも見え方が違ってくることを経験しましょう。

空を見よう

夕日が沈むころ、一番星が見えます。星の数を数えながら、段々空が暗くなってきて、星の数が増えていく変化をみんなで見ましょう。少しずつ暗くなっていく様子を園庭に寝ころんで見てもよいでしょう。太陽が沈んでいないときでも、月が白く見えることがありますが、太陽が沈むと月の光がとても明るく感じられることを話し合いましょう。

子どもたちに「お月さまの模様、何に見える？」と聞いてみましょう。

日本では、ウサギが餅つきをしているなどと言われていますが、もっと創造力豊かな発想が出てくるかもしれません。

どんな音が聞こえてくる？

「いくつの音が聞こえてくるか、数えてみようか」などと、自然の音に耳を傾けさせると、「静かにしなさい」と言わなくても静かになってしまいます。秋ならば、何種類かの虫の声も聞こえてくるかもしれません。

23 ころころあそぼう、ドングリ

ドングリ銀行

【用意するもの】

□ドングリを入れるための、首から下げられる袋
　（画用紙で作ったり、紙コップにひもを通したものなどでもよい）

【あそび方】

袋を首から下げ、その中にドングリを同数ずつ入れます。相手を見つけてじゃんけんをし、勝った子は負けた子からドングリを1個もらいます。ドングリがなくなってしまった子には、保育者が開くドングリ銀行が貸し出してあげます。

「1ドン」ショップ

ドングリをお金に見立てて、お店屋さんごっこをします。ドングリ1個が「1ドン」です。年長になって数に慣れてきたら、「10ドン」で「1ボックリ」（マツボックリ1個）というルールを加えても楽しいです。

●さわる・見る

子どもたちは、落ちているドングリをひろうだけでも夢中になります。園庭にドングリの木がなくても、お散歩すればドングリはあっちこっちでひろえます。

コマ回し

【用意するもの】

□キリ　□つまようじ

【あそび方】

ドングリあそびの定番ですが、やっぱり盛り上がります。ドングリには、保育者がキリで穴を開けましょう。穴にさすつまようじの長さは、コマを回してみて調整します。どのコマが長く回っていられるか、競争です。

ドングリころころゲーム

【用意するもの】

□空の卵パック（10個入り）□ビニールテープ

【あそび方】

ドングリ10個を卵パックに入れて、ビニールテープなどでぐるっと留めます。卵パックを振りながら、それぞれの穴に1個ずつドングリを入れるあそびです。

そのまま振って、ドングリマラカスとしてもあそべます。

24 歩こう歩こう、散歩

色探しの散歩

子どもの気づきを促すためには、目的をもって出かけます。保育者が「今日は、散歩の途中で色を見つけたら教えてね」と、はじめに言うとよいでしょう。最初は保育者が、空を指差して「白い雲、見つけた」と言うなどします。

音探しの散歩

夏はセミの鳴き声がよく聞こえますし、秋はコオロギなどの鳴き声が聞こえます。同じセミの鳴き声でも鳴き方の違うセミもいます。また、例えば車の音など、自然環境以外の音も聞こえてくるでしょう。「どんな音が聞こえる？」と子どもたちに質問してみましょう。正しい答えはないのですから、子どもたちがたくさんのことに気づけるように、すべて受け入れるようにしましょう。

●見る・聞く・かぐ

自然は、何も遠くに出かけなければ手の届かないものではありません。幼児期に、身のまわりに起こることの不思議さに気づくことは、豊かな感性を育みます。さあ、園の近くに散歩に出かけましょう。

におい探しの散歩

「今日は、いろいろなにおいを見つけてこようね」と言って、出かけます。秋が深まると、どこからかキンモクセイのにおいがすることがよくあります。パン屋さんの前では、パンの焼けるおいしそうなにおいがするかもしれません。

イメージ言葉探しの散歩

見たり、聞いたり、においをかいだりして、それを表現することに慣れてきたら、今度は擬態語や擬声語での表現をたくさん探してみましょう。「見つけたもの、聞こえたもの、においがしたものみんな、どんな感じだったか教えてね。」風の強い日だったら「ぴゅーぴゅー、見つけた。今日は風が強いね。みんなは、どんな言葉を見つけられるかな」と、始めてみましょう。

25 葉っぱであそぼう

葉っぱ星人誕生

【用意するもの】

□丸いシール　□クレヨン　□油性ペン

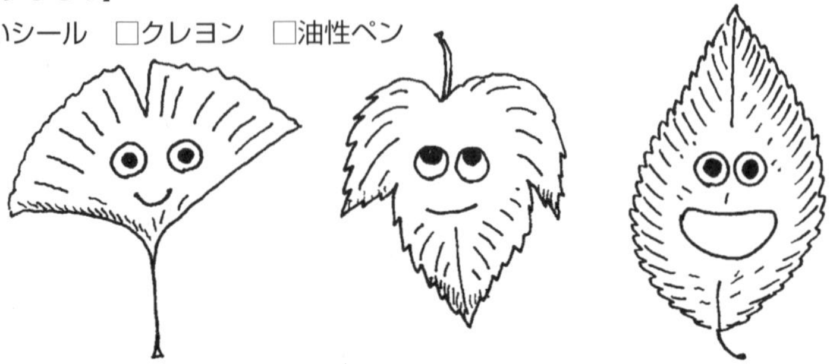

落ち葉をひろったら、丸いシールを貼って目にし、鼻と口を描いて、その特徴から「○○星人」と名づけてあそびましょう。

葉っぱ星人の自己紹介

個性豊かな葉っぱ星人ができたら、大好きなあそびや性格などの特徴を作って話してもらいましょう。

●見る・さわる

葉っぱには、いろいろな形があり、手ざわりがあり、色も違います。まず、クラスの木の葉っぱがどんな色か、どんな形か特徴をつかんでから、いろいろな木の葉っぱを使ったあそびに入りましょう。

落ち葉のフィッシング

落ち葉で魚を作り、地面にひもで輪を描き、池に見立てます。「池」の中に落ち葉の魚を入れて、魚釣りをしてあそびます。釣りざおは、細い枝や割り箸にひもをつけたもので、ひもの先に磁石をつけておきます。

【落ち葉の魚の作り方】
落ち葉に目やウロコを描き、魚の口にクリップをはさみます。

26 ひみつ基地を作ろう

可動式簡単ひみつ基地

6本の棒で三角すいの骨を作り、ブルーシートを切ったものを貼ってテントのようにします。ブルーシートに絵を描いたり、いらなくなった布などの飾りつけをして自分たちの「ひみつ基地」を作ります。移動も簡単にできるので、園庭に置いて、ごっこあそびをしたり、お弁当を食べたりすると、楽しいです。

●作る

「ひみつ基地」という響きが子どもにはなんとも魅力的に感じられるものです。園庭にひみつ基地を作って、その中でお弁当を食べても楽しいです。

ひみつ基地の作り方

【用意するもの】

□ブルーシート　□支柱6本（マダケやモウソウチク。園芸用の支柱やものほし竿でもよい）

□太めのゴム4本　□布製粘着テープ　□はさみ　□油性のカラーペン

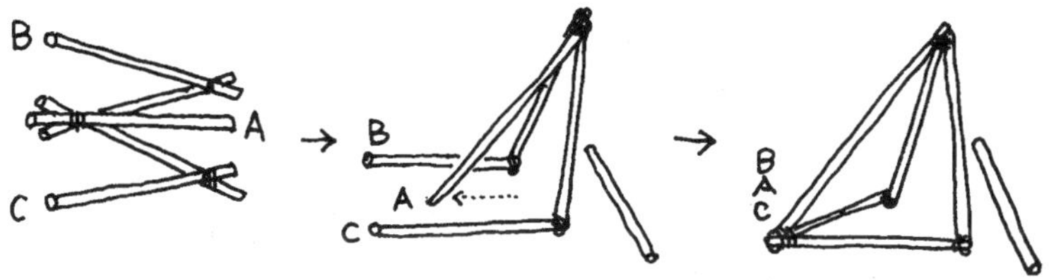

支柱をゴムでしばって三角すいを作る

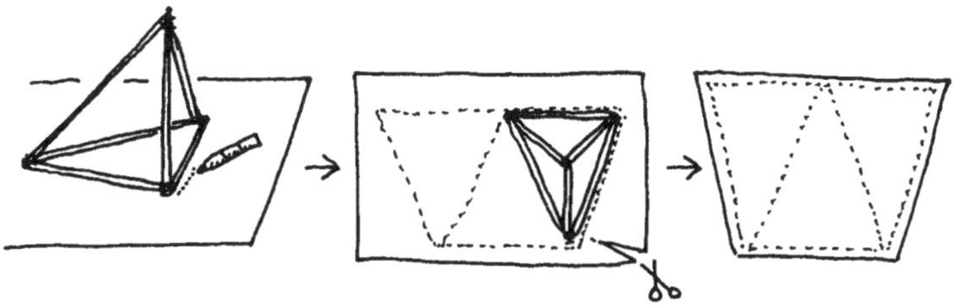

ブルーシートに少し大きめに型をとる

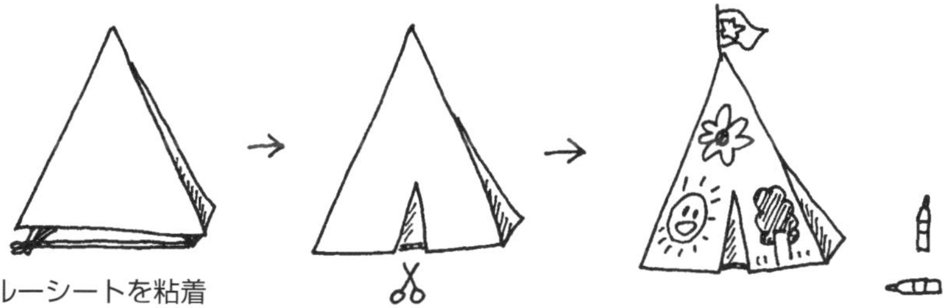

ブルーシートを粘着テープで支柱に貼る　出入り口を切る　飾りつけをする

column

金内あゆみさん（イラストレーター）が子どものころ、夢中になったあそびは？

私の泥だんごは、職人レベル。

雨が上がった日の翌日は、大きな木が真ん中にある幼稚園の砂場へまっしぐら。そこは、私の「製作所」です。しっとりとした粘土質の土。それをおだんごにして、その上に乾いたサラサラの砂をかけ、またその上に土をかぶせることを何度もくり返します。そして、ひたすら手でなでる……。すると、泥だんごはたからもののように光り輝くのです。この輝きが満足のいくものになるまでやめられないこだわり派。土をとる場所も、木の下のココ、と決めていましたっけ。

金内あゆみさんには、1章および付録のイラストを描いていただきました。

3章

ちょっと遠くへ
海あそび・山あそび

園を離れて、出かけていってあそぶときは、
とってもわくわくします。
海・山・川。
大きな自然を相手にダイナミックにあそびましょう。

27 波っておもしろい、風っておもしろい

寄せては返す波

適度な波があれば、波打ち際で、波につかまえられてしまわないように追いかけたり逃げたりしてあそびます。「波さん、待って～」「つかまえられないぞ。ここまでおいで～」などと、保育者も気持ちを盛り上げる言葉を。あまり波の高い日は危険が伴うので、波打ち際であそぶのはやめましょう。

海は広いな大きいな。波のようすも大波小波といろいろです。大きな自然を相手にあそぶときは、危険のないように注意して、大いにダイナミックにあそびましょう。

風であそぼう

「どうして波はできるの？」と聞かれることがあるかもしれません。ビニールプールやたらい、あるいは砂を掘って作った池でもよいでしょう。水面を一方向からうちわなどであおぐと、波ができます。風を強く送ったり弱く送ったりして、波の違いを見てあそびましょう。

たこを揚げよう

海風に乗って空高く揚がるたこを作ってみましょう。ビニール袋でできますから簡単です。つなげると連だこにもなります。

【用意するもの】

□ビニール袋　□竹ひご　□セロハンテープ　□たこ糸　□油性ペン

【たこの作り方】

ビニール袋を各部分の長さが下の図の比率になるように切り、竹ひごを十字にセロハンテープで貼りつけ、真ん中にたこ糸を結びつけます。最後に尾をつけたら、好きな絵を描いて完成です。

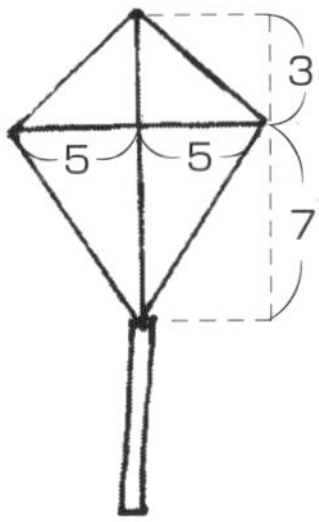

28 海で展覧会をしよう

海で展覧会

広い砂浜は大きな砂場。砂も水もふんだんにあります。貝殻や藻をひろって、グループで大きな作品を作りましょう。砂浜に子どものけがの原因になりそうなものが落ちていないか、あらかじめ注意して見ておきましょう。

海あそびの場である広い砂浜は、いつもよりずっと大きなフィールドです。
ダイナミックにあそび、大きな自然との出会いを楽しみましょう。

海の色・空の色

空と海の自然の色は時間や季節で変化します。日の出と日の入りは、一番その様子が楽しいときです。日の出と日の入りが観察できなくても、「おひさまが少し下がってきたね」などと、変化したところを言葉にして話しましょう。

ミニ水族館を作ろう

砂浜に大きな池を作って、つかまえたカニや貝などの生き物を集めて観察しましょう。観察した後は、元いたところに戻してあげることを忘れずに。

29 里山であそぼう

イロ・アルド・ダ・ピンチ

【用意するもの】

□木製のピンチ　□ひも

木製のピンチに自然の色に近い色のカラースプレーで色をつけます。この色のついたピンチを持っていって、里山の自然の中で同じ色のものを探してつけておきます。それから、改めて今度は保護色になっているピンチを探します。いくつ見つけられるかな。

自然の残る里山を歩くチャンスがあれば、自然とよりなかよくなれるでしょう。新しい発見をみんなで話しながら歩くだけでも楽しめますが、ここではちょっとした工夫を紹介します。

手作りカルタであそぼう

段ボールの台紙かベニヤ板に、ドングリや小枝などひろい集めた自然物を木工用ボンドで貼りつけます。油性ペンやアクリル絵の具でドングリに色をつけたり、カラーリボンやモールで飾ってもよいでしょう。裏には作品のタイトルを書きます。そして、別にタイトルで読み札を作ってカルタあそびをします。

30 自然の落とし物で作ろう

ネイチャーファッションショー

大きなビニール袋を図のようにはさみで切って、世界で一つの衣装を作りましょう。

【用意するもの】

□ビニール袋　□はさみ　□セロハンテープ　□頭にまく画用紙の輪

点線を切る
うーんと。
森のおひめさま
みたいに
しようっと

山あそびに出かけると、葉っぱや木の実、小枝など、たくさんの自然の落とし物が見つかります。そして「あ、この葉っぱの色珍しい」などと、たくさん集めるでしょう。集めたコレクションをパーツにして、思い思いの衣装を作ってあそびましょう。

森でかくれんぼ

衣装を飾るパーツは、葉っぱや木の実。自然の山の風景にとけこみやすいので、いつものかくれんぼも一層盛り上がります。目の前にいるのに気がつかないなんていうこともあるかもしれませんね。

見つけた！
キョロキョロ
もういいかい？
もういいよ！
まあだだよ

31 川であそぼう

水をせき止めてみよう

中州になっているところで、狭い方の水路を石でせき止めます。完全にせき止めなくても、石を置いて川幅を狭くすると流れが急になります。ささ舟やイタドリの水車を作ってあそんでみましょう。

川底の石をひっくり返すと…

カワゲラ、サワガニ、トンボの幼虫などが見つかります。川原の石の下には、アリやダンゴムシもいます。

山に出かけると、川の上流の姿を見ることができます。入ってあそべるような川が流れていることもあります。川はあそびきれないほど楽しい場所ですから、危険のないよう留意してたくさんあそびましょう。

川ってどんな音？

木の棒の片方の先を川の中に入れて、もう片方に耳をつけてみましょう。小石が流れる音、木が石にぶつかる音、いろいろな音がします。発見した音を口でまねてみましょう。

ささ舟の作り方

ささの葉を折り曲げ、図のように切り込みを入れ、左右の一方をもう一方に差し込む

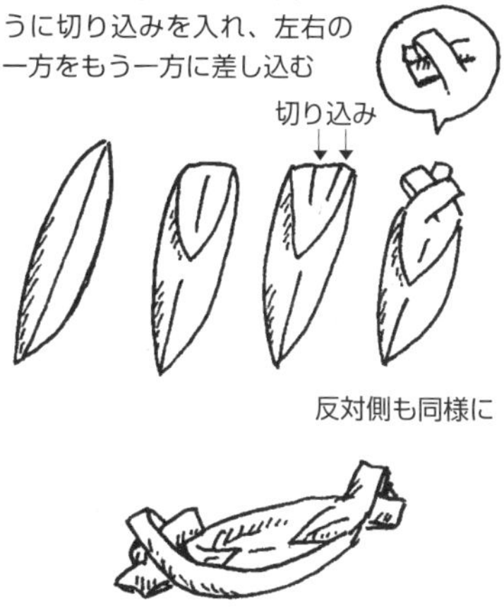
切り込み
反対側も同様に

イタドリの水車の作り方

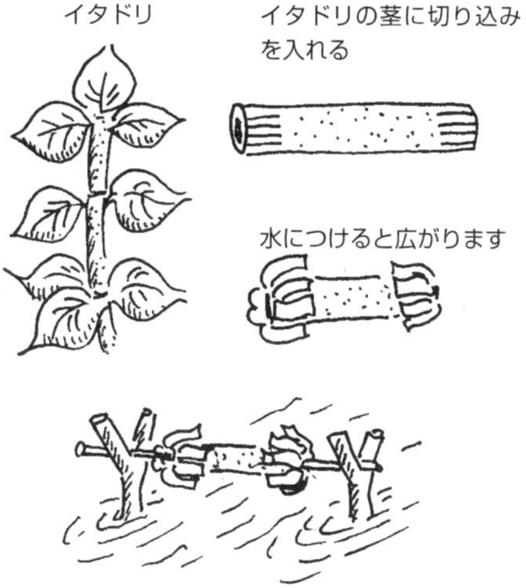
イタドリ
イタドリの茎に切り込みを入れる
水につけると広がります

column

藤原道子さん（イラストレーター）が子どものころ、夢中になったあそびは？

ルールは単純、でも大好きだった「2本線」。

地面に2本の線を引いて石を投げ、決めた歩数で往復するだけのあそびですが、意外と奥が深いのです。ちょうど2歩分とか3歩分とか石を投げるのが、簡単そうで難しい。レベルアップすると、頭の上、背中、額、足の甲などに石を乗せて運びます。思うようにいかないので、頭も体も目いっぱい使いました。学校の帰り道は、平べったくて丸い、2本線のあそびにちょうどいい石を見つけようと、いつも下を見て探しながら歩いていたくらいです。

藤原道子さんには、表紙、序章、2章、3章のイラストを描いていただきました。

4章

外あそび大好き 三つの園の実践

園で実践されている、日常の外あそびをご紹介します。
園をとりまく環境は千差万別でも、
子どもたちが見つけたあそびを、
保育者がゆったりとした視線で受け止め、
さらに広げていくためのヒントがあります。

里山の自然環境で思いっきり外あそび

木も葉っぱも小鳥もみんな友だち

「からんこ山」で野あそびをリードするのは、中山康夫さん。中山さんは、子どもたちから「なかちゃん」と呼ばれて親しまれています。

なかちゃんが「クサギの葉っぱのにおいってどんなかな？」と聞くと、「ピーナッツのにおいがする」「変なにおい」とさまざまな答えが返ってきます。

「何が聞こえる？　小鳥の声はいくつ聞こえる？　森の妖精の声は聞こえるかな」と言うと、耳をすます子どもたち。

中山ワールドにすっかり浸りきった子どもたちには、たくさんの種類の小鳥の声が聞こえてくるし、森の奥にすむ妖精のささやきまで聞こえてくるようです。そして、すぐに木と話したり、葉っぱと話したりできるようになります。なかよしの木ができて、そこに話しにいくようにもなります。

「これ、オトシブミって言うんだよ」と野あそびのリーダー**中山康夫さん**（ろぜっとわーくす代表）

ときには、なかよしの木にハンモックをつるし、みんなで乗ってゆらゆらさせてもらいます。「ちょっと重いかもしれないけれど、支えてくれてありがとう」という木への感謝の気持ちもわいてきます。葉っぱのすき間から空を見上げて「葉っぱが踊っているみたい」「葉っぱのすき間に妖精がいたよ」と言う子も。

子どもたちにとって、里山の自然環境のすべてが、みんな友だち。自然が子どもたちを育てるとは、まさにこのことなのかもしれません。

◀ハンモックから見上げる空は、いつもとちょっと違います

実践園

ナザレ幼稚園

神奈川県横浜市にあるナザレ幼稚園は、園から１キロほど離れたところに「からんこ山」という里山を所有しています。子どもたちは、広さ約10000平方メートルのこの里山で野あそびのリーダー中山康夫さんといっしょにあそぶのが大好きです。

自然に育てられる外あそび

「これまで私たちは、自然の中から感動を受け取り、夢を発見してきました。自然と人間は、本来求め合ってきました。今の子どもたちにも自然環境の中で育つことは欠かせないことです。

自分の目で見て自分で発見すると、自分に自信がもてて意欲が出てきます」と話す園長の**瀬野哲裕先生**は、「土・日に親子参加の里山体験を企画し、希望者を募ると、いつも多くの参加者が集まります。親子ともに里山の自然の中での時間を求めているということなのかもしれません」ともおっしゃいます。

▶木の顔作り「でーきた！」

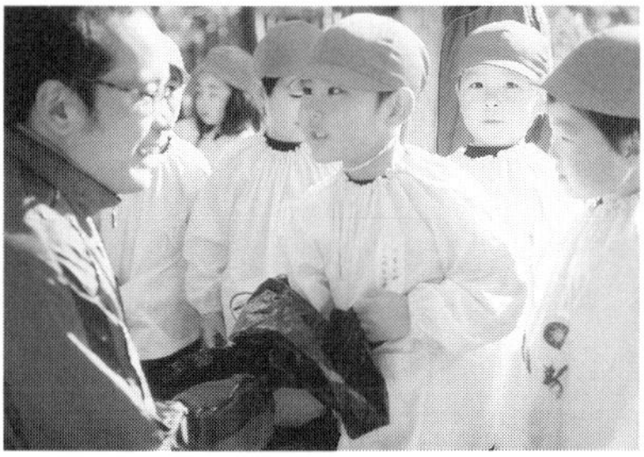

▲袋の中には何が？
さわって、同じものを探せるかな

ナザレ幼稚園
神奈川県横浜市青葉区鴨志田町1264
TEL : 045-962-0050

自然の里山の道を歩くとき、雨の後はすべりやすいので気をつけなければいけません。場所によって、注意して歩かなければならないところもあります。木登りだって、木によって登り方が違います。「この枝は足を乗せても大丈夫かな？」と確かめながら登らなければいけません。

自然からこういった情報を受け取って、子どもたちは五感をフルに活用します。そして、あそびながら自分に自信をつけ、大いなる創造力を身につけていきます。

▲風の音も聞こえるよ

あそびを見つける子どもたち

気持ちいい、なんでも作れるよ、山砂の砂

▼川ができたー

「先生、はだしになろうっと」とくつを脱ぎ、「気持ちいい」と砂の中に入っていく保育者。すると「先生に続け」とばかり、ぼくも私も次々にくつを脱いではだしになって砂あそびが始まります。山砂の砂は、きめ細かでいろいろなものを作るのに向いているようで、砂山もずいぶん高く作ることができます。

高くなった山を前に、次のあそびを相談。「水を持ってきたい」と言う子がいて、「では、川を作ろう」ということに。「川はどっちに作ろうか」と、今度は川作りの土木作業の始まりです。「さあ、では水を流しまーす」と言うと一瞬の緊張が走ります。子どもたちが息を飲んでじっと見つめる視線は、すべて水に向かっています。川筋に沿って水が流れたときの、ほっとしたような驚いたような表情に、あそびへの集中度が表れています。

今度は「私の足を埋めて」と言う子がいて、みんなでどんどん埋めようという協力が始まります。ひざの上まで砂に埋もれると、「さあ抜けられるかな」「お、抜けられたね」そして今度は、保育者を埋めようということに。大人の足は長いから、ひざの上まで埋めるのは、子どもにとってはなかなかの大仕事です。

一人、二人といっしょに埋める子が増えて、保育者の足は見る見る埋まっていきます。このころになると、はだしになるのを始めのうち少し躊躇していた子どもも、ほとんど全員はだしです。「砂が気持ちいいね」と砂あそびに夢中になっています。

▲もっと埋めるぞー

実践園

風の谷幼稚園

風の谷幼稚園は、畑や森や谷もある豊かな自然環境に囲まれています。園舎は文字どおり風が通りぬける構造で、木でできた大きなすべり台と砂場以外にいわゆる遊具はありません。屋根がある全天候型の中庭を教室が取り囲んでいます。

教室のドアを開ければ外あそび空間

▲光と風の入るベランダもあそび場

園舎は、教室のドアを開ければ、廊下にも外の風や陽ざしが入り込む構造になっています。オープンで風が通り抜ける空間には、路地あそびを楽しむどもたちの姿があります。ここは、子どもたちにとってまぎれもなく外あそびの空間なのです。

園に初めて来た子が「何もあそぶものがない」と言っていたら、年長の子が「あるじゃない、いっぱい。廊下とか階段とか……」と普通に答えていた、というエピソードがあるくらいです。

休憩時間に所在なげに教室に残っている子はいません。みんな教室のドアを開け、風が通る廊下、階段……と外に出ていきます。そして、上手にあそびの場を見つけてあそぶのです。

「あそんでください」とセッティングされている遊具より、風が通り陽がさす空間こそが子どもの心を刺激し、それによって子どもは「どうしたら、あそびがもっとおもしろくなるかな」と工夫を凝らし、自由な発想を広げることがわかります。

▲中庭では、どんじゃんけん

風の谷幼稚園
神奈川県川崎市麻生区片平1510
TEL : 044-986-5515

雨の日も晴れの日も、お散歩

散歩には、外あそびの要素がいっぱい

▲あっ。あっ。……そうねえ、カ・ラ・スだね

0歳から2歳児を預かるこの園では、散歩が日課。園の周辺には八つの公園や広場があり、街のあちこちに園庭があるという感覚です。

でも、子どもたちの外あそびは公園についてから始まるのではありません。外に出たその第一歩目から、既に外あそびは始まっているのです。

1歳児は、お散歩カーに乗って近くの公園まで行きます。0歳児も行ける子はベビーカーで行きます。歩くのが楽しくて仕方がない子は、お散歩カーを押す係。自分の居場所はここと決めているから、くつをはきかえるかはきかえないかのうちに、そそくさとお散歩カーの取っ手を握って待っています。お散歩カーに全員が乗ったら出発です。

踏み切りを越え、住宅街の中をゆっくり進みます。「あっ」「あっ」と言って子どもたちが指差す先には、カラスが飛んでいたり、散歩の犬がいたり、建設中の建物にかかっているシートに描かれたアライグマの絵があったり、お風呂やさんのえんとつがあったりします。散歩そのものが、立派な外あそびになっています。

かして。どうぞ ▶

実践園

おひさま保育園

おひさま保育園は、東京都世田谷区の、私鉄の駅からすぐのところにあります。都会の住宅街の中で、商店街も目の前という立地の園には園庭がありません。毎日の散歩は、この園の大切な外あそびです。

雨の日にしかできないあそびに大興奮

2歳児は、雨の日もフードのついたレインコートを着て出かけます。園を出るときの「さあ、雨の探検にしゅっぱーつ。何か見つけたら、はっけーんと言ってください」という保育者の元気な一言を皮切りに、雨の散歩は始まります。

2歳児ともなると、あそび方は格段にパワフルになり、「雨にも負けず風にも負けず」の心は健在。雨を手で受けて食べようとする子もいます。手をつないで線路沿いを歩き始めると、発見の連続です。水たまり発見、葉っぱのしずく発見、ダンゴムシ発見、最後に珍しいマキガイも発見して子どもたちは大満足。

水たまりの中を長ぐつでバシャバシャ足踏みしたかと思うと、今度は手でかき混ぜ始めます。

「何を作っているんですか」と保育者。「ミルクコーヒー」「葉っぱは何ですか」「おさらです。もう少し待ってください」「はい、わかりました。お砂糖たっぷり入れて下さいね」と水たまり喫茶店が開店したかと思えば、木の枝をゆすって「わあ、大雨だあ」「シャワーだよー」「もっともっとー」。

雨の日の散歩には、いつもの散歩とは違うプラスアルファの要素があるので、町のあちこちにあそび場が出現します。雨の日には雨の日ならではのあそびが展開できるようです。

▼雨、なめちゃった

▼シャワーだぞ。もっと、もっとー

▲バシャバシャ。気持ちいい

おひさま保育園
東京都世田谷区尾山台3-33-2
TEL : 03-5707-3888

外あそび便利グッズ

外あそびに出かけるとき、こんな物を持っていくと、あそびが広がります。ちょっとしたアイディアをご紹介します。

●バンダナ

かさばらずに持っていくことができ、その上使い方がたくさんあるのでおすすめです。

●暑さ対策のために、首に巻く

●棒切れに結んで、旗にする

●広げて、その上に集めたものをのせる

●自然物をひろったとき、包んで持ち歩く

おもしろい葉っぱがあるよ
私も木の実見つけた!

●観察ボックス

集めた自然物は、しっかり観察したいものです。安価で材料がそろい、簡単にできるところがよいですね。

【作り方】
密閉シール容器の真ん中をくりぬいて、虫めがねのレンズだけをはずして、木工用ボンドで貼りつければ、できあがり

くりぬく
虫めがね
貼りつける
ボンド
のこぎりで切り落とす

ペットボトル

中身を飲んだ後、水をくんだりしてあそびに使うこともできるので、あると便利です。

●ペットボトルのおなかに切り込みを入れて虫の出入り口を作り、虫かごにする

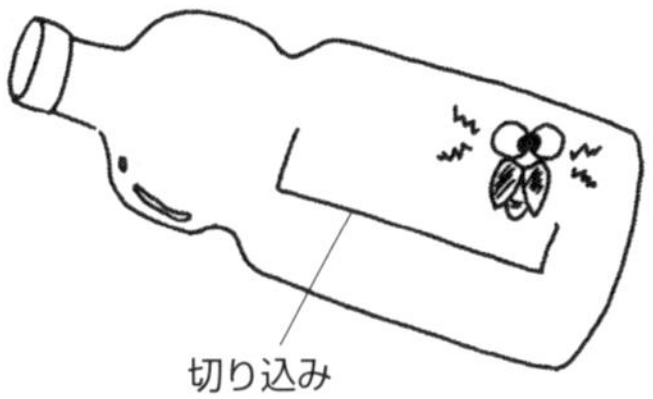
切り込み

●二つに切って、上の部分をさかさまに下の部分の中に入れ、ペットボトル全体に穴を開け、魚捕りのしかけに使う

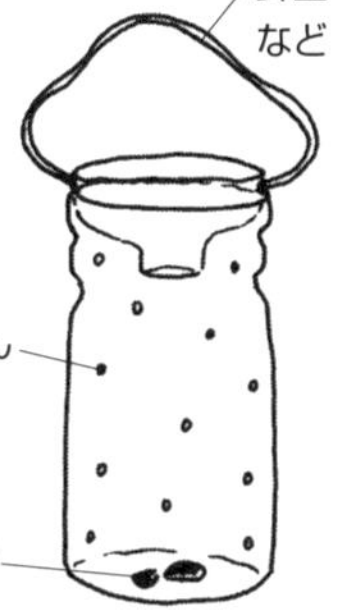
針金
など
穴をたくさん
開ける
えさ

●オサムシやシデムシの仲間をつかまえるしかけ。ペットボトルの底から10〜15センチくらいのところで切り、地面に埋め込む（草地のすみなど）。肉片などのえさを入れ、板で雨よけをし、虫が入るすき間を作っておく

雨よけの板
虫が入れるくらいのすき間をあけておく
土
えさ
ペットボトル

万華鏡

外あそびで見つけた自然物も、ちょっと見方を変えてみると、もっと楽しめます。手作り万華鏡を作って、葉、石、虫……なんでも入れてのぞいてみましょう。観察したら、すぐに逃がしてあげましょう。

花や虫など

●万華鏡制作キット「まんげきょうづくり」　販売価格：230円（税込）
http://www.crafteriaux.co.jpで購入可。（製造・販売元：株式会社クラフテリオ）

付録

こんなとき、どうする?

外あそびを安全で快適に楽しむためには、いざというときの持ち物と心の準備が大切です。

●骨折したら…

固定して受診します。固定は木でなくても、段ボールでもできます。

●たんこぶができたら…

基本はとにかく冷やすことです。吐き気がする、目がうつろになる、顔色が悪くなるなどのショック症状が一つでも現れたら、救急車を呼びます。

●すり傷や切り傷には…

すり傷・切り傷で怖いのは破傷風です。流水でよく洗い流し、患部を清潔にして滅菌ガーゼをします。症状によっては受診します。

●目に異物が入ったら…

洗面器のようなものに水をはって、目をパチパチさせて洗い流します。

★持っていくとよい救急用品

虫さされの塗り薬（抗ヒスタミン剤を含んだステロイド軟こう）・消毒液・体温計・ピンセット・はさみ・包帯・ガーゼ・脱脂綿・三角巾・ばんそうこう・懐中電灯・とげ抜き・オリーブ油

日射病かも、と思ったら…

衣服をゆるめ、涼しい場所で、腋・股関節・首などを冷やし、水分を補給しましょう。スポーツ飲料等の方が効果的。急変することもあるので、必ず受診しましょう。

ハチにさされたら…

さされた部分をつまんで毒をしぼり出すようにし、流水でよく洗い流しましょう（ハチの毒は水に溶けやすい上、腫れを冷やすこともできる）。ショック症状（たんこぶの場合と同じ）が一つでも現れるようであれば、救急車を呼びましょう。

耳に虫が入ったら…

まわりを暗くして、懐中電灯を耳に当てると、小さな虫は出てきます。大きな虫のときは、虫を殺すために、耳の中にオリーブ油を少量たらして（虫が死ぬまでには、少し時間がかかる）、耳鼻科を受診しましょう。

一番大切なことは

一番大切なことは、保育者がパニックにならず、落ち着いているということです。子どもは、思わぬアクシデントにびっくりして、精神的にショックを受けています。あわてないで勇気づけ、励ましの言葉をかけましょう。

付録

対象年齢つき INDEX

あ行

⑱ 味わってみよう、春の野草 — P.50　2歳〜
⑨ あそべる段差を探そう — P.30　2歳〜
㉑ 雨の日だって外あそび — P.56　3歳〜
⑳ アリの冒険 — P.54　3歳〜
㉔ 歩こう歩こう、散歩 — P.62　3歳〜
㉘ 海で展覧会をしよう — P.72　2歳〜

か行

㉛ 川であそぼう — P.78　4歳〜
⑰ 草花であそぼう — P.48　3歳〜
❶ くずすのも楽しい砂山あそび — P.14　1歳〜
⑮ クラスの木を決めよう — P.44　2歳〜
⑫ ゲーム「狼とリス」 — P.36　4歳〜
❻ 転がるはずむ、ボールは楽し — P.24　2歳〜
㉓ ころころあそぼう、ドングリ — P.60　3歳〜

さ行

㉙ 里山であそぼう — P.74　3歳〜
㉚ 自然の落とし物で作ろう — P.76　4歳〜
❷ 斜面で味わう、すべるスリル — P.16　2歳〜

た行

⑲ ダンゴムシ、見つけた — P.52　3歳〜
⑯ タンポポ、見つけた — P.46　2歳〜
❽ 鉄棒でやこう「ブタのまるやき」 — P.28　2歳〜
❹ 飛べ飛べ紙ひこうき — P.20　3歳〜

な行

㉗ 波っておもしろい、風っておもしろい — P.70　3歳〜

は行

⑩ ハズレなし、伝承あそびどんじゃんけんほか — P.32　3歳〜
㉕ 葉っぱであそぼう — P.64　3歳〜
❼ 光と影であそぼう — P.26　2歳〜
㉖ ひみつ基地を作ろう — P.66　5歳〜
⑭ プールであそぼう — P.40　3歳〜

ま行

❺ 回して跳んで、大なわ小なわ — P.22　2歳〜
❸ 見つけられたくないような、見つけてほしいような…かくれんぼ — P.18　4歳〜

や行

⑬ やっぱり楽しい水あそび — P.38　2歳〜
㉒ 夜はドキドキ — P.58　5歳〜

ら行

⑪ リズム感が大切、ケンパ — P.34　3歳〜

編著者紹介

グループこんぺいと

1987年、幼・保・小の保育士・教師らが集まって、保育現場をもつ企画編集プロダクションを設立。東京都世田谷区に子どものスペースを展開。主な編・著書は『おいしい楽しいうれしい 保育・教育現場のための食育』(学研)、『幼稚園・保育園のクラス担任シリーズ』①~⑧(黎明書房)など。

〒158-0082　東京都世田谷区等々力 3-6-3　梓ビル101

htpp://www.compeito.jp

代表・菅野満喜子

執筆者紹介

池田 裕恵

東洋英和女学院大学教授。専門は、運動発達学習論・発達心理学。子どもが育つ力を信じ、子どもの「元気」を育てるための研究と保育者養成に力を注ぐ。

著書は『5歳児、みんなで富士山に登る』(共著)、『子どものこころ、子どものからだ』(編著)(八千代出版)など。

中山 康夫

野あそびのプロ集団「ろぜっとわーくす」代表。ナザレ幼稚園(横浜市青葉区)の野外活動研究所「森の幼稚園」所長として、野外あそびを研究し、実践している。

著書は『野あそびいっぱい 植物編』『木のしあわせ』(萌文社)など。

イラスト：**藤原道子　金内あゆみ**

編集協力：**北方美穂**(グループこんぺいと)

協　　力：**小杉皓男**

デザイン：**長谷川あさ**

クラス担任《たんにん》のたっぷり外《そと》あそび BEST 31

2006年9月10日　初版発行

編著者	グループこんぺいと
発行者	武　馬　久　仁　裕
印　刷	株式会社　太洋社
製　本	株式会社　太洋社

発　行　所　　株式会社　黎《れい》　明《めい》　書《しょ》　房《ぼう》

〒460-0002　名古屋市中区丸の内3-6-27　EBSビル

☎052-962-3045　FAX052-951-9065　振替・00880-1-59001

〒101-0051　東京連絡所・千代田区神田神保町1-32-2

南部ビル302号　☎03-3268-3470

落丁本・乱丁本はお取替いたします。　ISBN4-654-00198-0